I0002241

Verlag und Druck: Amazon KDP Publishing

ISBN-Taschenbuch: 979-8-5702-4227-2

Inhalt

Vorwort

Vermutlich sind Sie die auserwählte Person, die dieses Jahr auf die gamescom darf. Mit diesem Werk möchten wir Ihnen näherbringen, wieso insbesondere junge Leute auf diese Messe möchten. Wir haben uns die Zeit genommen dieses Buch zu schreiben, damit sie von unseren Erfahrungen profitieren können. Denn die gamescom ist nicht nur eine Messe bei dem Nerds, Gamer und Gamerinnen zocken. Sondern sie ist ein Erlebnis für Comic Fans, begeisterte Spieler und auch für Menschen die sich gerne als ihre Lieblingsfigur charakterisieren möchten. Was auf den ersten Blick für viele wie eine Abschreckende Ansammlung von Kindern wirkt, wird auch Sie überraschen und mit ein wenig Glück ebenso begeistern können.

Dieser Ratgeber bietet neben vielen Hinweisen, Tipps und Tricks auch einige Elemente zum Download an. Die Downloads werden von unserem Partnern XboxDev.com, gaming-events.com und huskynarr.de zur Verfügung gestellt. Die Downloads sind mittels QR Code verfügbar, sowie am Ende jeder Seite zu finden.

Jedoch empfehlen wir dennoch sich am besten Stift und Block parat Legen für Informationen, die man sich aufschreiben möchte, beiseitezulegen. Denn je nach Distanz zu diesem Thema, kann es für sie viel Neues bereithalten.

Mit diesem Ratgeber hoffen wir Ihnen und der begleiteten Person den Aufenthalt möglichst angenehmen gestalten zu können, denn nicht nur der begeisterte Nachwuchs kann hiervon profitieren. Nehmen sie sich unsere Tipps zu Herzen und Profitieren auch sie davon.

Alle Informationen, die wir hier zusammengetragen haben, sind zudem im Quellen Verzeichnis hinterlegt, so dass Sie die Möglichkeit haben sich selbst zu überzeugen.

Für uns gilt die Devise, nach der gamescom ist vor der gamescom.

Fremdworte

Unter Umständen können viele Fremdwörter erscheinen, diese sind unter Gaminglexicon.com zu finden.

Über die Autoren

Die Autoren dieses Werkes sind seit Jahren regelmäßige Besucher der gamescom und der vorherigen Games Convention. Einige von uns waren bereits Begleitpersonen oder mussten früher selbst begleitet werden.

Unser Hauptautor nennt sich Sebastian „Huskynarr" Selinger, ist um die dreißig und bereits seit den frühen 90er Jahren begeistert von Technik, Gaming und allem was dazu gehört. Er hat beschlossen dieses Werk zu schreiben, da er als Chef Redakteur des Magazins „xboxdev.com" häufig typische Fragen erhält wie: „Wie bekomme ich Tickets?", „Kennst du eine gute Unterkunft?" oder „Was soll ich so lange auf der Messe machen?".

An diesem Buch haben sehr viele weitere Menschen mitgewirkt, allerdings möchten diese nicht genannt werden. Alle von Ihnen können eine Expertise in diversen Gaming Segmenten insbesondere der gamescom nachweisen.

Gaming Kultur

Es mag befremdlich klingen, aber Gaming hat sich zu einer großen weltweiten Kultur entwickelt. Dabei ist von den früheren Nerds, die man aus der Garage mit der Lan Party kennt, nicht viel übriggeblieben.

Heute gibt es in vielen Ländern, vor allem im Asiatischen Raum ein eSports Turnier kein kleines Fest mit überschaubaren Zahlen, sondern Groß Veranstaltungen die Olympia Stadien ausfüllen und Millionen Zuschauer begeistern. Dabei spielen die Spieler um hohe Preisgelder und arbeiten in Vereinen. Sehr gut vergleichbar mit Fußball oder US-Amerikanischen Football. Jeder kann in einem Verein spielen, aber zu den Profis schaffen es nur die Auserwählten.

Die Gaming Kultur ist ein kreativer, sportlicher und amüsanter Bereich. Menschen egal welcher Herkunft können sich hier verwirklichen. Ob als Designer für ein Spiel oder mit Blöcken in Minecraft (digitale Klemmbausteine).

Nicknamen

Da Vornamen häufig vorkommen haben sich Gamer sogenannte Nicknamen / Kosenamen angewöhnt, ein Spitzname, mit dem sie eindeutig identifiziert werden können. Es ist nicht unüblich das einige daher nur noch auf diesen Namen reagieren. In Online Chats können sich viele mit gleichem Vornamen wiederfinden, dort wird es dann schwierig sich zu finden. Dies gilt auch für die Messe.

Industriezweig

Während in der größten Industrie Deutschlands, der Automobilindustrie ca. 880.000 Menschen direkt bzw. indirekt beschäftigt, sind es in dieser Kultur- und Kreativwirtschaft bereits mehr als 28.000 Menschen die Direkt beschäftigt sind. Hier ist zudem ein rasantes Wachstum im Gange, obwohl Deutschland als Entwicklungsland als nicht attraktiv zählt. Diese 600 Unternehmen haben dabei Techniken, Programme und Spiele entwickelt, die in über 50 Länder exportiert werden.[1]

Auch im indirekten Geschäftsfeld werden Menschen durch die Gaming Industrie angetrieben. So stellen Marken wie Puma spezielle Sitze für Gamer her, Startups wie Couchmaster Accessoires für das Sofa her und sogar Hersteller wie IKEA kümmern sich rund um das Geschäft mit Spielen. In Ländern wie Südkorea gibt es TV-Sender, die sich ausschließlich mit dem Thema eSport beschäftigen. Und Weltmeisterschaften füllen heute ganze Stadien aus.

Weltweit spielen mehr als 2,7 Milliarden Menschen[2] und beschäftigen so Millionen von Menschen in dieser Kreativ-Branche. Allein die deutschen Spieler brachten diesem Markt einen Umsatz von mehr als 6,2 Milliarden Euro im Jahr 2019. Die Resultate von 2020 dürften aufgrund der Pandemie weitaus höher ausfallen, da viele Menschen nun die Zeit zuhause verbringen können.

---

[1] https://www.game.de/games-branche-in-deutschland/ueberblick/

[2] https://www.iwd.de/artikel/gamesbranche-im-dauerboom-482161/

Geschichte

Wenn man nun auf den Ursprung des Gaming und der Industrie zurückschaut, sieht man das diese bereits viele Jahre hinter sich hat. So startete das Ganze in den frühen 70er Jahren mit Pong. Daraufhin folgten Text Adventure und weitere Spiele.

Schon bereits 1980 machte Pac-Man die Bildschirme unsicher. Im Verlauf der Geschichte und des technologischen Fortschrittes kamen in den 80er Jahren Konsolen wie der Atari und der Amiga auf den Markt. Damals entstanden die ersten Videospielhelden wie Super Mario und Legend of Zelda. In den 1990er erschien mit Doom einer der ersten umstrittenen Egoshooter und mit Tomb Raider das Pendant zu Indiana Jones. Zudem wurden hier die ersten klassischen Lan Partys veranstaltet, sowie man sie heute kennt. Eine Lan Party damals benötigte aber viel Planung. Denn neben dem Transport der schweren Geräte benötigte man immer jemanden, der sich mit Netzwerk Technik auskannte.

Erst in den 2000er Jahren, als Gaming mehr Popularität fand verteilten sich diese Unterhaltungsmedien in einem breiten Spektrum der Gesellschaft. Spiele wie Call of Duty, GTA, Minecraft und Farmville etablierten sich über dem Globus aus und erreicht erstmals auch Spieler außerhalb der bis dahin gängigen Gaming Community.

Mit dem Smartphone wurde 2010 die gesamte Branche auf den Kopf gestellt. AR Spiele, Mobile Gaming und Video-On-Demand sind hier die Fachbegriffe. Pokemon Go, Minecraft (Mobile) und Candy Crush waren hier gesellschaftsbrechende Spiele, die das Gaming hier der breiten Masse schmackhaft machten. Wenn sie also mal am Handy ab und zu ein Spiel spielen, zählen sie bereits zum Genre Gamer.

Letsplays

Die Faszination der Let's Plays ist ungebrochen. Der Trend anderen Leuten beim Video Spielen zu zuschauen ist nicht neu. Bereits um die Jahrtausend Wende gab es TV-Sender hierfür. Unter anderem GIGA TV, der ab dem Mittag bis kurz nach Mitternacht auf dem Sendeplatz von NBC lief. Daraus erfolgten Game One und später der heutige Online TV-Sender „RocketBEANS TV".

Im Grunde ist es nichts anderes, als jemanden zuzuschauen, wie er ein Spiel spielt. Meist fasziniert der Streamer durch Reden, Singen oder etwas anderem. Eine der bekanntesten Streamer Deutschlands dürfte Gronkh sein. Er selbst fing aus Spaß an und ist selbst ein erfolgreicher Geschäftsmann im Bereich des Gaming. Aber auch Künstler wie Lara Loft, mit bürgerlichem Namen Lara Trautmann ist in der Streaming Szene sehr bekannt. Die Sängerin und Synchronsprecherin ist neben ihrem Twitch Kanal auch bekannt durch „Voice of Germany" und diversen Disney Filmen.

Die Trends ändern sich jedoch jedes Jahr, sodass der „Hype des Jahres" sich bereits verändert, während sie dieses Buch lesen.

Das Streamer dabei vollkommen unterschiedlich sind, zeigen Streamer wie Maty, eine junge Bienenverrückte Streamerin die gerne unterschiedlichsten Spiele spielt oder auch der Streamer Tanzverbot. Er ist für seine vollkommende Offenheit bekannt und nimmt kein Blatt vor den Mund. Das gefällt nicht jedem, ist aber umso authentischer. Sie beschäftigen sich auch mit unterschiedlichen Themen. Ein großes Beispiel hierfür ist LeFloid. Dieser setzt sich in seinen Podcasts und Stream mit Politik auseinander und regt regelmäßig Spendenaktionen für Bedürftige an.

Was ist die Gamescom?

Die Gamescom ist eine Games Convention, also eine Konferenz für Spiele. Was 2002 als Messe für rund 3000 Besucher startete, ist nun 18 Jahre später eine der größten Veranstaltungen Deutschlands mit über 373.000 Besuchern in Köln.[3]

Sie ist zudem eine der wichtigsten Messen für die Gaming Industrie der Welt etabliert. Damit ist sie für die Industrie, Spieler und auch die Tourismus Branche äußerst wichtig.

1 - Gamescom Eingang Süd 2016 - Foto: Sebastian "Huskynarr" Selinger

---

[3] https://de.wikipedia.org/wiki/Games_Convention

Neben neuen Spielen, viel Merchandise (Fan Artikel) gibt es auch viel Cosplay (Kostüme) und Stars zum „anfassen" hautnah. Hinter den Kulissen gibt es Business Gespräche, Planungen und Präsentationen von Produkten, die bald auf dem Markt erscheinen werden.

Was erwartet mich?

Wenn Sie ausschließlich kleine Jungs erwarten, werden Sie überrascht sein. Denn ein großer Teil beginnt erst mit 12 Jahren. Denn vorher ist die Messe relativ eingeschränkt. Einige Besucher wirken wie aus vergangenen Zeiten, sind aber nicht unbedingt Begleitpersonen. Gerade im Bereich von „Family & Friends" finden sie in der Retro Abteilung Jung & Alt gemeinsam an Konsolen aus ihrer Kindheit.

Die Messe ist auch für Verkäufer und Industrie Leute gedacht, daher müssen sie das Verständnis mitaufbringen, das es sich hier nicht nur um eine Spiele Präsentation handelt.

Wenn Sie das Glück haben und ihre Kinder nur bedingt begleiten möchten, gibt es viele Möglichkeiten, in denen sie sich selbst ein wenig auf und um die Messe herumschauen können.

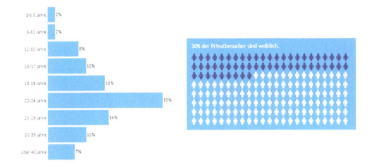

bis 5 Jahre	2%
6-11 Jahre	2%
12-15 Jahre	6%
16-17 Jahre	10%
18-19 Jahre	15%
20-24 Jahre	30%
25-29 Jahre	16%
30-39 Jahre	10%
über 40 Jahre	7%

30% der Privatbesucher sind weiblich.

2 - Quelle: Game Verband – game.de[4]

Auf eines müssen Sie sich gefasst machen, denn auf der Messe werden Sie definitiv auf eine Geduldsprobe gestellt. Das heißt aber nicht nur anschauen, sondern auch anfassen.

Die Spiele auf der Messe sind meist anspielbar, in wenigen Situationen sehen sie lediglich eine Videopräsentation. Einige Aussteller wie zum Bsp. Epic Games (Fortnite) haben auf den Messen Abenteuer Parcours aufgestellt, um die Kinder auch körperlich auszulasten.

Entwickler möchten die Fans aber nicht nur mit Spielen begeistern. So baute Blizzard in der Vergangenheit regelmäßig ihre Spielfiguren in voller Größe auf und präsentierte mit dem Musik Orchestra von Video Games Live  den Spielesoundtrack. Ein Beispiel aus dem Jahre 2018 finden sie unter anderem auf Youtube unter

[4] https://www.game.de/publikationen/jahresreport-der-deutschen-games-branche-2019/

https://youtu.be/aIhyM9gZ0pc oder dem QR Code. Schauen sie sich die ersten 15 Minuten an und überzeugen sie sich selbst.

Des Weiteren gibt eine Shopping Area für das Merchandise, zu dt. Fanartikel und eine Cosplay Area. Was das ist, erfahren sie später.

Historie

Auf der ehemaligen CeBIT die zuletzt 2018 stattgefunden hat, wurden bis 2002 Spiele präsentiert. Dann wurden diese dort verboten und es entstand im selben Jahr, die Games Convention in Leipzig. Aufgrund der stetig wachsenden Besucherzahlen wurde sie schließlich 2008 mit über 220.000 Besuchern das letzte Mal in Leipzig ausgetragen. Als neuen Austragungsort einigten sich die Stadt Köln und der game Verband für das Messe Gelände in Köln Deutz. Hier konnte die Messe bis zuletzt auf über 370.000 Besucher[5] heranwachsen. Auch jetzt steht man wieder vor dem Problem der Expansion, da bereits die gesamte Stadt darin involviert ist. Zudem ist man nun an logistischen Grenzen der Organisation. Dies ist auch immer wieder in Videos[6] online sichtbar.

Begleitet wurde diese Geschichte durch Highlights wie der berühmten Kontroverse des benachbarten TV-Senders RTL, der 2011 alle Besucher pauschalisierte als Menschen mit „mangelnder Körperhygiene, Soziophobie und die nicht

---

[5] https://www.gamescom.de/die-messe/gamescom/gamescom-report/gamescom-report.php
[6] https://www.instagram.com/p/B2FW8aYgHUJ/

gesellschaftsfähig sind". Als Reaktion dessen haben sich besonders eifrige Gamer bedankt, in dem sie nach dem Sport getragene T-Shirts dem Sender zuschickten. Sogar fast 10 Jahre danach, befinden sich immer wieder vereinzelt Exemplare dort wieder.

Die gamescom sollte bereits 2020 International als Marke auftreten, in dem die gamescom Asia das Erste Mal stattfinden sollte. Aufgrund der Covid-19 (Corona) Pandemie, musste diese allerdings abgesagt werden.

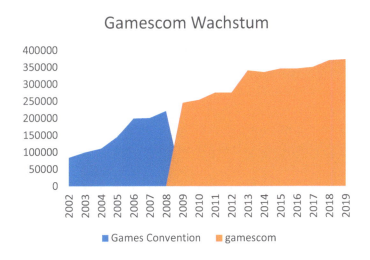

3 - Basierend auf den Angaben von Wikipedia.

Die nächsten Jahre soll die gamescom weiterhin in Köln verbleiben. Über die Laufzeit von 15 Jahren wird die gesamte Messe erneuert. Im Rahmen der Köln Messe 3.0 wurden bereits Außenbereiche, Halle 10 und 11, sowie das Parkhaus saniert. Neu erbaut wurde bisher die Halle 1+. Bis einschließlich 2030 sollen alle Gänge, die Konferenzräume und die Hallenübergänge saniert werden.[7]

Was erhoffen sich meine Kinder bzw. Schützlinge?

Wieso wollen alle zu diesem Event? Ganz einfach, Youtuber geben Autogramm Stunden, die Fortsetzungen der Lieblingsspiele sind vor Release spielbar und man kann viele Gleichgesinnte treffen.

Kinder und Kind gebliebene möchten einfach Spiel, Spaß und Abenteuer. Das bekommen sie auf der gamescom sowohl virtuell wie auch in der Realität. Sie werden sehen, dass viele Menschen in den Schlangen auf Multiplayer Spiele zurückgreifen werden. Dabei kann es ein klassisches Brettspiel sein, ein Kartenspiel oder auch Super Mario Party auf der Switch. Viele nehmen auch Bücher mit und lesen diese selbst oder auch vor. Es ist eine Möglichkeit sich mit Leuten anzufreunden, die man, normalerweise nicht in seinem Umfeld hat oder mit denen man bislang nur Online Kontakt hatte.

Sehen Sie es als Möglichkeit in die Welt der Kinder und aktuellen Kindheit einzutauchen und zu verstehen was diese Welt so spannend macht.

Spiele – Zwischen Träumen und Welten

Was ist denn eigentlich die Definition eines Spieles. Von dem Pixel Brei aus den 80er ist nicht mehr viel übriggeblieben.

---

[7] https://www.koelnmesse.de/unternehmen/messe-neu-denken/koelnmesse-3-0/koelnmesse-3-0-5.php

Daraus hat sich bis heute eine Kultur und Welt entwickelt, die für viele immer noch unvorstellbar ist.

In der Realisierung von Traumwelten geht es nicht nur darum herum „zuballern bzw. schießen". Von diesem Gedanken sollten Sie sich schnellstmöglich trennen. Denn Zwischen **Battlefield**, **Counter-Strike** und **Call of Duty** gibt es so viel mehr zu sehen. In **Minecraft** können sich Menschen ähnlich wie in Lego verwirklichen, nur ohne die Grenzen, die man sonst hat. In **Train Simulator World** und **Flight Simulator** können sich Spieler hinter das Steuer von über 100 Tonnen schwere Maschinen setzen und ausprobieren wie schwer eine Fahrt mit diesen Fahrzeugen wirklich ist. Und wer Geschichten liebt, kann sich auch in **Ori and the Blind Forest** verlieben.

Dabei setzen nicht alle Spiele auf atemberaubende Grafiken und CGI (Animation), so setzt **The Last of Us** auf die Geschichte der Protagonisten und versucht den Spieler emotional zu erreichen.

Wir können Ihnen an diesem Punkt nur den Rat geben, schauen Sie selbst einmal nach, welche Spiele derzeit existieren und versuchen Sie sich in diese Geschichte hineinzuversetzen. Manche davon sind wie interaktive Bücher gestaltet.

Digitale Gamescom

Bereits in den vergangenen Jahren wurden viele Inhalte online gestreamt, mit der gamescom 2020 wurden aufgrund der Pandemie alle Inhalte ausschließlich digital zur Verfügung gestellt. Daher wird auch in den kommenden Jahren der Inhalt möglichst im Dualen Betrieb ausgespielt, so dass Sie Inhalte sowohl Online als auch vor Ort erleben können.

Vermutlich waren Sie auch schon einmal auf einem Konzert ihres Lieblings Interpreten oder in einem Orchestra. Ebenso wissen sie wahrscheinlich auch, wie es Online bzw. auf dem TV-Gerät ist. Bereits jetzt sollten Sie verstehen welche Differenz wir aufzeigen möchten. Das digitale Erlebnis kann großartig sein, aber es ersetzt in keinem Fall die Atmosphäre und die Freude vor Ort. Jedoch können Sie viel davon in Ihre Planung einfließen lassen. Sie müssen nicht jeden Workshop anschauen, nicht jede Demo spielen, aber die wichtigsten sollten Sie vor Ort durchführen. Sollte Ihnen vor Ort die Zeit fehlen oder etwas nachträglich auffallen, können Sie jederzeit alle Inhalte auf dem gamescom now Hub nachholen.

eSports – Professionelles Spielen hautnah

Auch wenn in Deutschland bislang der eSports immer noch ein wenig belächelt wird, so sollten Sie mit großem Respekt an dieses Thema herantreten. Millionenpreisgelder, gefüllte Olympiastadien und Millionen von begeisterten Zuschauern. Im Vergleich, ein Adele Konzert mit 15.000 Zuschauer benötigt mehr als 10 Minuten bis zum Ausverkauf. Das League of Legends Finale 2015 benötigte keine 10 Minuten für dasselbe Stadion. Genau dieses Finale wurde zeitgleich von über 14 Millionen Zuschauer Weltweit[8] online mitverfolgt. Im Vergleich, der Weltrekord Sprung des aus dem All von Felix Baumgartner in Kooperation mit Redbull erhielt gerade einmal 8 Millionen Zuschauer.

Pizza essen und bis in die Nacht gamen ist hier nicht an der Tagesordnung. Professionelle Teams haben Trainings und Ernährungspläne. Neben dem eigentlichen Sport geht es auch an die geistige und körperliche Fitness. Hierzu haben auch die Öffentlich-Rechtlichen Medien einige Dokumentationen produziert, die zeigen wieviel Arbeit die Professionellen Teams mit sich bringen.

Spiele und Ziele

Wie beim regulären Hobby, kann man sich dazu entscheiden Vereinsmäßig tätig zu werden. Dabei ist es irrelevant um welches Spiel es sich handelt. Denn bei genug Interesse, bildet sich von allein eine Liga. Entscheidend ist nur, wie groß die Gemeinschaft ist und welche Competition (zu dt. Herausforderung) es dabei gibt. Neben den klassischen Egoshootern wie Counter-Strike, Battlefield und Call of Duty gibt es viele andere Titel. Die bekanntesten dabei sind Dota 2 und LoL (Leage of Legends). Auf der gamescom werden Sie aber auch erfahren, dass es sogar eine eigene Liga für den Landwirtschaft Simulator gibt. Die letzten Jahre war dies durch den überdimensionalen Mähdrescher offenbart.

---

[8] https://www.spielbar.de/148929/e-sport-fakten-und-zahlen#bild148924

Karriere

Wie auch in der NFL oder Bundesliga ist es möglich eine Karriere im eSports zu machen. Der größte Unterschied jedoch ist, dass die beste Zeit der Karriere hier nicht Mitte der 20er ist, sondern bereits ab 16 bis zu einem Alter von 25 Jahren. Ab dann zählt man zu den „Alten Hasen". Dies liegt an der natürlichen Ursache des Alterns, denn mit dem zunehmenden Alter schwindet die Reaktionsgeschwindigkeit. Wer es in die Profi Liga geschafft hat, wird auch gefördert, um danach noch Karriere anzustreben. Egal ob als Trainer, Berater oder Moderator, die Spieler sind sich bewusst, dass es um ihre Zukunft geht.

Aber auch hier ist es so, dass man seinen Lebensunterhalt nur in der Profi Liga bestreiten kann, Spieler, die einfach nur einmal am Wochenende ein einfaches Turnier spielen, sind vergleichbar mit Jugendmannschaften des Ortsansässigen Vereines.

Ausführliche Informationen zu dem Profi Sport gibt es unter esportbund.de, dem offiziellen Verband.

Ein Profi Spieler wird in diesen Ligen aber nicht ausschließlich zocken, wie z.B. beim VFB Wolfsburg zu sehen ist, bekommen die eSportler auch regelmäßig körperliches und geistiges Training. Sie werden in allen Facetten des Lebens trainiert, dies beinhaltet auch Inhalte wie ein Mediatraining, um professionell mit Journalisten umzugehen.

Cosplay – Verkleidungen, Styling und mehr

Im gesamten Stadtgebiet von Köln werden Ihnen maskierte Menschen entgegenkommen. Dabei handelt es sich nicht um Fasching oder Karneval, sondern um sogenanntes Cosplay. Wer hat sich nicht schon einmal als Kind an Halloween, Fastnacht oder Karneval verkleidet? Erwachsene möchten auch gerne in die Rolle ihres Lieblingscharakters schlüpfen. Dabei wollen Sie unlängst nicht nur auf Figuren wie Cowboy, Indianer Polizist oder Prinzessin zurückgreifen. Zu sehen gibt es allerhand, von einem lebensechten C3PO aus Star Wars, einem gigantischen Sauron aus Herr der Ringe bis hin zu Prinzessin Peach. Aber diese Kostüme sind schon fast alltäglich, denn jedes Jahr gibt es neue Trends aus Film, Spiel und Buch. So haben wir auch schon einen Deadpool angetroffen und eine Figur aus einem Comic.

4 - Cosplayer auf der Gamescom – Foto: Sebastian "Huskynarr" Selinger

Wenn Sie an einem Kostüm Interesse haben und es näher anschauen möchten, haben Sie keine Scheu diese Person anzusprechen. Der Mensch hinter der Maske spricht in der Regel gerne über sein Kostüm.

Dabei ist Cosplay nicht nur das bloße hineinschlüpfen in die Rolle eines Charakters, sondern eine Kunstform. Es ist eines der zeitintensivsten und kostenaufwendigsten Hobbys, die man kann. Zudem verlangt es viel ab. Neben Geschick und Kreativität fordert es viel Geduld. Auf der Messe kann man es zudem nicht nur sehen, sondern teilweise selbst ausprobieren. Im Cosplay Village gibt es Tipps und Tricks rund um das Thema Cosplay.

In vielen Kostümen stecken Jahre voller Arbeit und doch sind diese nie fertig. Denn an jedem Kostüm wird auch nach Jahren noch gefeilt und geschliffen, um es perfekt zu machen.

Eines unserer persönlichen Highlights in den letzten Jahren, war der folgende Wolf von Official Shadaya. Sie hat sich über die Jahre professionalisiert auf Kostüme im Tier Design mit Fell.

Wie man im folgenden Bild unschwer erkennen kann, ist dieses Unikat das Resultat vieler Stunden aufwendiger Arbeit. Was man auf dem Bild nicht sieht, sind der bewegbare Mund und die bewegbaren Augen.

5 - Professionelles Cosplay von @Shadya.Official - Foto: Sebastian "Huskynarr" Selinger

„Shadya.Official" hat es sich zur Aufgabe gemacht, Kostüme in dieser Art professionell anzufertigen und zu verkaufen. Diese Kostüme sind besonders aufwendig produziert und so ein wirklich besonderer Anblick.

Shopping – Fan Produkte soweit man schauen kann

Sowohl die Kinder wie auch Sie werden nicht an der Halle 5 vorbeikommen. In dieser Halle erwartet Sie der einzige Bereich in dem Verkauft stattfinden darf. Auch wenn man kein Fan von Spielen ist, werden Sie hier fündig. Zwischen Replikas aus Filmrequisiten, anzüglichen, aber jugendfreien Kissen finden Sie auch allerlei Kleidung und Fan Artikel. Merchandise, soweit das Auge reicht. Und Sie werden es im ersten Moment nicht glauben, aber all das wird am Ende der Woche ausverkauft sein.

Nutzen sie die Gelegenheit auch für Freunde oder Verwandte ein besonderes Geschenk zu ergattern. Einige Gegenstände sind limitiert und rar und können einen echten Fan sehr begeistern.

Auf die vielen Stores und Möglichkeiten gehen wir aber später im Bereich der Aktivitäten genauer ein.

Internationale Industrie vor Ort

Auf der Messe werden Sie viele Erwachsene mit Lanyards und Ausweisen antreffen. Diese sind meist Aussteller, Medien Vertreter oder aus der Spiele Industrie auf der ganzen Welt.

Mehr als 1.100 Aussteller aus mehr als 50 Ländern waren 2019 anwesend. Diese wurden von mehr als 5.100 Journalisten dokumentiert und live mitgeteilt bzw. ausgestrahlt. Zudem sind neben den über 330.000 Besuchern auch mehr als 30.000 Fachbesucher[9] vor Ort. Darunter

---

[9] https://www.gamescom.de/die-messe/gamescom/gamescom-report/

Wirtschaftsbosse, Politiker und Handelsvertreter. 2017 eröffnete Bundeskanzlerin Angelika Merkel persönlich die Messe, welche uns als Interessevertreter umso stolzer machte.

Köln im Gamescom Wahn

Seien Sie darauf gefasst, dass die gamescom nicht nur die Messe ist. Die gesamte Stadt Köln verwandelt sich in dem Zeitraum des Events zu einer riesigen Spielwiese. So hat die Stadt Live Konzerte, Spielstraßen und Sonderangebote für Gamer bereitgestellt. Die gamescom ist Köln und Köln ist die gamescom. Dies werden Sie spätestens nach dem 2. Tag in Köln bemerken.

Elektronikfachgeschäfte wie Saturn haben Angebote wie es sie nirgendswo anders gibt, aber auch Kleidungsunternehmen profitieren davon und stellen besondere Kleidungsstücke in Kooperation mit Marken und Herstellern bereit.

Durch die vielen Fachbesucher profitieren auch Unternehmen wie Fotofachgeschäfte und Taxifahrer davon. Sie werden keinen Taxi Fahrer finden, der den Weg nicht blind zur gamescom findet.

Das Köln Messe Gelände im Überblick

Messe klingt nach einer großen Fläche und ein paar Hallen. Hier ein paar rohe Fakten für Sie. Mit fast 400.000m² Ausstellungsfläche in den Hallen und Außenbereichen, zählt die Köln Messe zu den Top 10 Messen der Welt. Größer sind nur noch spezielle Flächen wie die Hannover Messe oder das National Exhibition and Convention Center in Shanghai in China. Bei Events wie der gamescom muss selbst die örtliche Polizei beim Management der LKW-Kolonnen aushelfen, da die Straßen sonst überlastet wären. Die Messe zählt zu einen der wichtigen Faktoren für die Wirtschaft im Ruhrgebiet und generiert mit rund 11.000 Mitarbeitern mehr als 2 Milliarden Euro Umsatz pro Jahr.

6 - Köln Messe von Süden - Foto: Sebastian "Huskynarr" Selinger

Planung und Kostenübersicht

Um die Kosten überhaupt schätzen zu können, sollten Sie eine detaillierte Planung machen. Zum einen welche Tickets man kauft, wie man An & Abreist und die schwierigste Frage ist, wo man die Nächte über unterkommt.

Erziehungsberechtigung

Wenn Sie nicht ein Elternteil bzw. Familienangehörig sind, sollten Sie stehts einen unterschriebenen Nachweis mit sich tragen, der Sie für den Zeitraum des Aufenthalts als Aufsichtspflicht bzw. Erziehungsberechtigter sind. Diese sollte stets mitgeführt werden, da Sie Ihnen auch in anderen Situationen helfen kann, wie z.B. dem Kontakt mit, den örtlichen Behörden.

Ferien im Blick halten

Bevor wir mit der eigentlichen Planung beginnen, sollte man unbedingt die Schulferien im Blick behalten. Je nach Bundesland kann es sich im Bereich der Schulferien befinden. Sollte bei Ihnen bereits Schule sein, Köln aber nicht allzu weit entfernt liegen, gibt es die Möglichkeit des Abends Tickets. Alternativ können Sie auch in der Schule den Lehrer anfragen, ob ein Ausflug im Rahmen einer pädagogischen Maßnahme bzw. eines Schulausfluges als geschlossene Klasse stattfinden kann. Da unser Ratgeber an Sie gerichtet ist, gehen wir davon aus das dies im Zeitraum der Ferien liegt oder sie anderweitig Zeit finden.

Welche Kosten kommen auf mich zu?

Die unangenehme Frage als erstes. Mit welchen Kosten muss ich rechnen? Eine kurze Antwort gibt es hier nicht. Sie müssen sich dies vorstellen, wie eine Individual Reise in ein fremdes Land. Hier gibt es keine Pauschalangebote.

Neben dem Messeticket benötigen Sie eine Unterkunft, Verpflegung und es können außerdem noch Kosten für Extras wie das Merchandise aufkommen.

Selbst wenn Sie in Köln leben, wird es unter Umständen nicht günstig.

Welches Ticket ist für mich geeignet?

Der Ticket Dschungel der gamescom ist auf den ersten Blick verwirrend. Aber alles hat seine Ordnung und Sie können die günstigste Möglichkeit erhalten.

Die sogenannten Familientickets sind vermutlich das Beste für Sie, jedoch sind diese Kosten für jeden Tage unterschiedlich. So liegen die Preise der ersten 3 Tage bei je 27,00 €, am Samstag jedoch bei 31,50 €. Mit diesem Ticket können 1-2 Erwachsene mit bis zu 4 Kindern von 7-11 Jahren die gamescom besuchen.

Sollte ihr Kind über 12 Jahre alt sein, so sollten Sie sich die Möglichkeit der ermäßigten Preise zum Nutzen machen. Diese Ermäßigung gilt für Schüler, Auszubildende, Studenten, Rentner, Senioren ab 65 Jahren, sowie für Schwerbehinderte und

freiwillig Sozialdienstleistende. Hier beginnen die Preise ab 12,00 € am Mittwoch und enden mit 22,00 € am Samstag.

Die geeignete Anreise

Zwei Faktoren sollten für Ihre Entscheidung wichtig sein. Die beiden Stichworte sind Komfort & Gepäck. Auch wenn die kommenden Tage großartig werden können, so werden Sie anstrengend sein.

Es gibt viele Anreisemöglichkeiten zur gamescom zu kommen. Hierfür hat die Deutsche Bahn auch gesonderte Konditionen auf ihrer Ticket Webseite. Sollten sie sich für die Bahn entscheiden.

Das Messeticket beinhaltet im Übrigen eine kostenfreie Fahrkarte für den öffentlichen Nahverkehr. Dies ist sehr praktisch. Vor allem wenn Sie abends, doch noch einmal unterwegs sein sollten.

Doch was ist nun das richtige für Sie?

Mit dem Auto in den Großstadt Dschungel

Das Auto ist komfortabel, schnell und weniger umständlich. Das ist es bei der Hinfahrt bis zur Ankunft. Der Vorteil des Autos ist überschaubar. Neben dem Vorteil des Platzes für Koffer, Snacks und Beifahrer ist es natürlich angenehmer als auf die pünktlich der Bahn zu hoffen. Allerdings geben wir Ihnen einen Tipp. Nehmen sie nicht das Auto.

Sie müssen einen Parkplatz in der Großstadt finden. Diese Herausforderung können Sie mit einem gebuchten Parkplatz meistern, aber die Kosten steigen. Zudem biegen Kölner ungern Links ab, daher kann es sein, dass Sie eine Ausfahrt verpassen und eine unfreiwillige Sightseeing-Tour unternehmen müssen. Zudem ist Köln, insbesondere auf dem Kölner Ring gespickt mit Blitzern. Wenn Sie also unter Stress zu fest auf das Gaspedal drücken, kann dies ungewollte Fotos mit sich bringen.

Am Ende der Woche, wenn Sie nur noch ihre Füße und ihren Kopf ausruhen möchten, sind Sie zudem nicht in der besten Verfassung ein Auto zu führen. Wir sprechen hier aus Erfahrung, denn die körperliche und geistige Belastung ist nicht zu unterschätzen. Ihre Kinder werden im Auto zwar schlafen und sich erholen, doch Sie müssen sich noch hinter das Steuer setzen. Zudem sind häufige Stopps notwendig, wenn die kleinen eine schwache Blase haben.

Insgesamt raten wir vom Auto ab, außer Sie erwarten viel Gepäck oder mehr als 3 mitfahrende Personen. Dies kann sich lohnen, wenn Sie selbst eine Fahrgemeinschaft gründen.

Mit Flix Bus & Co.
Der Flix Bus ist in der Regel günstig, aber es ist gamescom Zeit. Nur mit einer sehr, sehr frühzeitigen Buchung können Sie hier unter die Preise der Bahn und des Autos kommen. Richtig gebucht könnte es sein, dass Sie ein Ticket gerade einmal 20,00 € kostet.[10] Jedoch wollen alle anderen das zu diesem Zeitpunkt auch fahren. Daher könnte die Fahrt im Bus anstrengend sein. Sie müssen Abwegen, ob das Sparen an diesem Ende das Richtige ist. Allerdings müssen Sie sich nicht

---

[10] https://tidd.ly/3fvvvys

um Pausen und Fahren kümmern was gerade bei der Rückfahrt eine Erholung sein kann.

Zug der Deutschen Bahn

Unserer Erfahrung nach war die Deutsche Bahn zum Zeitpunkt der gamescom immer absolut zuverlässig. Gerade zu den Sommerferien bringt die DB auch Sonderangebote heraus. So können Sie mit einem geeigneten Ticket sehr viel Geld sparen. Neben deutschlandweiten Tickets sollten Sie auch erwägen, ob Sie nicht früher anreisen, um auch die Stadt selbst zu erleben. Der Vorteil hier ist eine ruhige Fahrt mit viel Platz für einen Preis zwischen Auto und Bus. Jedoch ist hier das Gepäck einer der größten Nachteile. Je nachdem wie oft sie umsteigen müssen und wie viel Gepäck Sie dabeihaben, kann dies in einer Tortur enden.

Carsharing / Sammelfahrten

Es gibt unzählige Anbieter an Carsharing Dienstleistern und Sammelfahrten Plattformen. Wenn sie nur zu zweit Reisen eignet sich eine Sammelfahrt. Das schont nicht nur die Nerven, sondern auch den Geldbeutel und die Natur. Ab 3 Personen könnte sich schon das Carsharing lohnen. Viele der Deutschlandweiten Dienstleister sind auch in Köln ansässig. So können sie das Auto in der Stadt ihrer Wahl holen und in Köln abgeben. So müssen sie nicht die vollständige Woche bezahlen. Zudem ist genug Platz für ihr Gepäck dabei um das sie sich nicht kümmern müssen.

Zu den bekanntesten Carsharing Diensten gehören BlaBlaCar gibt es viele weitere Portale wie z.B. mitfahren.de, der ADAC-Mitfahrclub und einige mehr.

Flugzeug

Ja, auch das ist möglich. Mit dem Flugzeug nach Köln klingt utopisch, ist aber mit Wingly auch bezahlbar. Wer mit begrenztem Gepäck reist kann sich eine Mitfluggelegenheit buchen und nach Köln fliegen. Jedoch liegt der Flughafen ca. 20 Minuten entfernt vom Messe Gelände. Wer sich über unseren Einladungslink[11] registriert erhält zudem einen Rabatt von bis zu 15 € auf den ersten Flug.

Welche Transport Möglichkeit Sie nun am Ende nutzen bleibt Ihnen überlassen. Wichtig ist abzuwägen, ob Sie einen Dienstleister nutzen oder selbst fahren möchten. Bedenken Sie dabei die Faktoren von Personenanzahl, Gepäckstücken, Fahrtkosten und ggfs. Unterbringung des Fahrzeuges.

Wir haben bereits die Erfahrung mit Bus, Bahn, Auto und Flugzeug gemacht und würden weiterhin zur Bahn tendieren. Auch wenn die Deutsche Bahn nicht immer optimal ist, ist Sie bei geringem Gepäck und der Nutzung von Rollkoffern am komfortabelsten. Jedoch müssen wir nur auf einen bzw. keinen Umstieg zurückgreifen. Für Menschen ohne schnelle Anreise zum Fernverkehr raten wir zum BlaBlaCar oder ähnlichen. In wen wenigsten Fällen eignet sich unserer Meinung nach das eigene oder das gemietete Fahrzeug.

Die Wahl der Unterkunft

Die größte, kostenintensivste und schwierigste Herausforderung für den gesamten Trip ist die Findung einer passenden Unterkunft. Stellen Sie sich vor, dass die fast 400.000 Gäste eine Unterkunft benötigen. Hinzu kommen

---

[11] https://www.wingly.io/de/referral/first-booking?ref=Elavv

externe Dienstleister für die Messe, Personal und vieles mehr. Die Preise für Unterkünfte explodieren nahezu. Aber es gibt auch immer wieder Möglichkeiten preiswerte Unterkünftige zu finden.

Bei Bekannten unterkommen

Die beste Möglichkeit ist es, wenn Sie Leute aus der Region Köln & Umgebung kennen, bei denen man unterkommen kann. Es ist eine großartige Chance Kontakte zu pflegen und vor allem Geld zu sparen. Aber bedenken Sie, die Person hat auch evtl. andere / weitere Bekannte die an der Veranstaltung interessiert sind.

Zeltplatz

Stubenhocker gemeinsam beim Lagerfeuer? Ja das geht, denn beim gamescom Camp gibt es die klassische Zeltplatz Möglichkeit. Die Teilnahme am gamescom Camp ist allerdings erst ab 16 Jahren erlaubt. Zudem darf, das Kind dort nur nächtigen, wenn ein Volljähriger, in dem Fall vermutlich Sie, ein schriftlicher Nachweis mit sich führt. Dieses muss bestätigen, dass Sie für den Zeitraum der Veranstaltung erziehungsberechtigt sind.

Pro Nacht kostet hier das Logieren mit eigenem Zelt ca. 30 €. Wenn sie ein Mehrpersonenzelt (8 Personen Abteil) und ein Feldbett nutzen möchten, ist dies für ca. 40 € die Nacht möglich. Aber auch mehr Luxus ist möglich. Im sogenannten Camp House, ist die Unterkunft „luxuriös" ausgestattet. Mit 2 Betten, Matratze, Kühlschrank, Ventilator, Heizung, 2

Steckdosen, Lampe und Kleiderhaken kostet das Haus nur 70 € pro Nacht. Das Ganze ist zudem abschließbar.

Wenn Sie mit dem Schlafen in Zelten bzw. dem Zeltplatz also kein Problem haben, können Sie das Ganze auf gamescomcamp.com buchen.

Jugendherberge

Die Jugendherberge Köln Deutz gleicht mehr einem Hotel. Neben einer 24/7 Rezeption gibt es hier zudem auch abends warmes Essen, sowie einem hauseigenen Shop der Gäste mit Getränken und Snacks versorgt. Allerdings sind die Preise hier für eine Jugendherberge gewöhnungsbedürftig, insbesondere für Menschen, die über 27 Jahre alt sind. Auch hier sollten sie möglichst frühzeitig buchen, da die Plätze begrenzt sind.

Um hier übernachten zu dürfen, müssen Sie zudem eine Mitgliedschaft im Verband der Jugendherberge abschließen. Diese liegt bei ca. 10€ im Jahr und ist verkraftbar. Neben dem nahen Bezug zur Messe sind Sie zudem nur 5 Minuten zu Fuß von der Altstadt entfernt. Dazu müssen Sie nur über die berühmte Hohenzollern Brücke und sind bereits da.

AirBNB & Co.

Wenn Sie Hotels vermeiden möchten und das „Kölle" Feeling leben möchten, können wir Ihnen ein AirBNB nahelegen. Die Unterkünfte sind verteilt und preislich angenehmer als die Hotels und Unterkünfte in direkter Nähe zur Messe. Sie können zudem als Neukunde bis zu 40 € Rabatt auf ihre erste

Übernachtung erhalten, wenn Sie sich mit unseren Einladungslink registrieren[12].

Viele Gastgeber von AirBNB sind zudem selbst in Köln aufgewachsen und können Ihnen alle Geheimtipps weitergeben, die nicht auf TripAdvisor stehen.

Die Preise hier schwanken sehr stark und sind abhängig von der Buchung und Entfernung. Desto früher Sie buchen, desto günstiger ist es.

Hotels

Als letztes sollten Sie die Option Hotel in Erwägung ziehen. Grund hierfür sind nicht die Frühbucher oder der „überflüssige" Komfort, sondern einfach die Preise. Viele Hotels verlangen bis zu 400% des regulären Preises. An der Messe selbst sind die großen Hotelketten wir Dorint, Radisson Blue und IBIS vertreten und seit 2021 auch Motel.One und Adina Apartment Hotel. Über diverse Rabattcodes unseres Partners www.xboxdev.com ist es zudem möglich in Aktionszeiträumen Rabatte zu erhalten. Abseits der Ketten gibt es auch das Steinberger Hotel, diverse Brauhäuser mit Übernachtungsmöglichkeit und viele kleinere Familienbetriebenen Hotels.

Über die Buchungsplattform gamescom.hotels können Sie auch geeignete Hotels finden.

Mit rund 100 € pro Nacht/Person für die preiswerten Hotels kommen Sie auf rund 800 € Übernachtungskosten. Sie möchten natürlich den ersten Tag der Messe nutzen und am

---

[12] https://www.airbnb.de/c/sebastians287

letzten sich erholen können von dem Stress. Und glauben Sie uns, Sie wollen sich erholen bevor die Heimreise beginnt.

Gepäck und Kleidung

Für die Planung des Gepäcks und der Kleidung haben wir auf Seite 71 eine extra Liste, die auch für Sie als Download zur Verfügung steht. Sie sollten bei der Wahl der Schuhe, des Rucksacks bzw. der Tasche auf Komfort und Nutzbarkeit achten. Wenn Sie unkomfortable bzw. unangenehme Designer Schuhe etc. tragen, werden Sie es spätestens nach dem ersten Tag spüren. Sportschuhe sind hierfür optimal geeignet, ebenso einen Rucksack, der genug Platz für alles Nötige bietet.

Handy

Wir sind der Meinung, dass auch das Mobiltelefon vorbereitet sein sollte. Neben der Powerbank aus dem Gepäck sollten Sie sowohl ihr Handy, aber auch das Handy ihres Schützlings vorbereiten. Neben der Installation von Google Maps mit der Offlinekarte von Köln und ggfs. der Reiseroute, können Sie auch die Standortfreigabe für Notfälle aktivieren. Wenn sie kein fließendes Englisch / Französisch beherrschen ist unser persönlicher Tipp zusätzlich den Google Übersetzer zu installieren. In diesem können Sie die drei notwendigen Sprachen zudem Downloaden. Mit den Sprachen und den Karten sind Sie bestenfalls für die Route und den Aufenthalt vorbereitet.

Im Vorfeld der gamescom erscheint auch regelmäßig die gamescom App, sowie Apps der entsprechenden Aussteller.

Um Traffic zu sparen lohnt es sich daher auch diese vorab zu installieren.

Köln / Aktivitäten

Die Stadt Köln fasziniert jedes Jahr die Besucher mit Highlights verteilt über die ganze Stadt. So wurde 2019 die Stadt in den Farben der gamescom beleuchtet. Auf den Brücken sind überall die gamescom Flaggen aufgehängt und in der Stadt sind Künstler aus der ganzen Welt zu sehen. Auf dem Dom Platz treffen sich vermehrt Künstler, die mit Kreide Gemälde malen, Straßen Musiker musizieren und es finden Live Veranstaltungen statt.

Gamescom City Festival

Unter dem Titel gamescom City Festival, engagiert sich die Stadt Köln besonders für die gamescom. Die Metropole zeigt sich von ihrer besten Seite für den internationalen Besuch. Am Rhein Ufer gibt es neben Live Musik auch viel Street Food. Das gesamte Stadtzentrum ist im gamescom Wahn und präsentiert alles was sich um Spiel und Spaß dreht.

Im Jahr 2019 hat die Stadt Köln sogar den Kölner Dom, das Rhein Ufer, die Hohenzollern Brücke und viele weitere Gebäude in den gamescom Farben aufleuchten lassen.

7 - Köln Hohenzollern Brücke bei Nacht - Foto: Sebastian "Huskynarr" Selinger

Passend zum Festival hat in den letzten Jahren das WDR-Funkhaus Orchestra eine Live Vorführung für nur wenige Euro veranstaltet.

VideoDays

In den Jahren 2010 bis 2018 existieren auch die VideoDays. Dies war die Preisverleihung für deutsche Kreativ-Künstler des Video Portals YouTube. Die nahezu immer ausverkaufte Show fand auf der Messe und in der Lanxess Area statt. 2018 verkauften sich die Tickets allerdings nicht genug und es fehlte an Sponsoren. Das Ergebnis dessen war eine Absage des Events.

Am Abend

Den Tag bis in den späten Abend auf der Messe verbracht, anschließend noch schnell durch die Geschäfte der Stadt gezogen und plötzlich ist der Tag schon vorüber. Doch nicht so in Köln. Am Abend sollte man sich die Zeit nehmen, typisch „kölsche" Besonderheiten zu erleben und zu schätzen. Ein Muss ist das lokale Kölsch-Bier, aber auch kulinarische Spezialitäten wie Saure Nierchen, Kölscher Kaviar und Himmel un Ääd sollte man sich nicht entgehen lassen. Allerdings eine Warnung für Besucher, die nicht aus dem Ruhrgebiet stammen: Die Gerichte könnten anders schmecken, als erwartet.

In Köln ist es normal, dass Ihr Kölsch einfach nachgefüllt wird. In der Karnevals Stadt ist es Tradition, dass das Kölsch so lange nachgefüllt wird, bis Sie den Bierdeckel oben drauflegen. An diesem wird auch die Strichliste geführt.

Events der Stadt

Köln ist unbeschreiblich, aber während dieser letzten August Woche ist sie dies besonders. Eine Stadt die in Kunst, Kultur und Gaming verfällt. Neben den vielen Bars gibt es jeden Abend unzählige Veranstaltungen. Auf Plattformen wie gaming-events.com finden Sie eine Auswahl erlesener Events. Dabei gibt es nahezu jeden Abend eine Veranstaltung im Triangle, Bootshaus und in der gesamten Innenstadt.

Einige Partys sind für auserlesene Gäste wie Influencer, Branchen Insider, Aussteller der Messe oder bestimmten Elite Gamern der hauseigenen Spiele. Aber in die meisten Events kommen sie auch mit bloßem Anstehen.

Shopping

Neben der vielen Kultur und den vielen Events bietet die Stadt natürlich auch viele Shopping Möglichkeiten.

Wie der Kölner Dom befinden sich auch die Altstadt und das Shoppingzentrum Kölns direkt gegenüber der Messe auf der anderen Rheinseite. Zu den Hauptattraktionen zählen hier die Schildergasse und die Hohe Straße, wo eine Vielfalt an Geschäften zu finden ist. Diese reichen von Bekleidung, Schmuck und Kosmetik bis hin zu Technik und Spielzeug. Während der gamescom bieten viele Läden spezielle Rabatte an. Besonders bekannt ist Saturn für seine exklusiven Angebote, die oft weit unter dem üblichen Marktpreis liegen. Zu den weiteren bekannten Filialen gehören C&A, H&M, Esprit und Zara. Auch die Schuhgeschäfte Görtz und Snipes sind vertreten. Für Liebhaber von Markenware gibt es zudem Luxuslabels wie Louis Vuitton und Hermès. Der asiatische Modegigant Uniqlo hat ebenfalls eine Niederlassung hier. Eine kleine Warnung sei jedoch gegeben: Der Lego Store hat bereits einige Eltern vor Herausforderungen gestellt.

Sonderveranstaltungen und Partys

Wer am Abend nach der Messe und den ganzen Aktivitäten immer noch Kraft haben sollte, kann dann ausgelassen feiern. Hier zu haben viele Veranstalter spezielle Events.

Das **Meltdown** ist eine Kneipe, die statt auf Billiard Tische und Dart auf Konsolen setzt. Allerdings sind einige Abende von Unternehmen gebucht und Events, die nur per Einladung über die Spiele besuchbar ist. Auch die **Rocketbeans** feiern mit Dosenbeatz jedes Jahr ausgiebig mit den Moderatoren und Stars des TV-Senders.

Das Bootshaus, eine Location am Rheinufer, ist jeden Abend von einem anderen Veranstalter gebucht. Highlight der letzten Jahre war die C'MON & CRUNCH Party. Der Streamer und YouTuber Sarazar gibt hier Autogramme, Fotos und legt für einige Zeit selbst auf. Diese Party ist sehr beliebt und daher meist schnell ausverkauft.

Am besten ist es, wenn man noch einmal selbst schaut, welche Events alles stattfinden. Dazu gibt es Webseiten wie www.gamescom.events und www.inside-gamescom.de.

Messe

Kommen wir nun zum eigentlichen Aufenthalt auf der Messe. Planung ist alles und nach einem langen Tag haben Sie gelernt, es hat nichts gebracht. Wenn Sie einmal versucht haben, im Europa Park Rust oder das Phantasialand geplant zu besuchen, wissen Sie, es läuft immer nur bedingt so wie man es geplant hat.

Die Messe ist groß, laut, voller Menschen und trotz all ihrer Hilfen aufgrund des Stress Levels unübersichtlich. Mit den wichtigsten Tipps können Sie sich aber bereits vorab Abhilfe schaffen.

8 - Köln Messe - Haupteingang zur gamescom - Foto: Sebastian "Huskynarr" Selinger

Planen Sie mit dem Schützling bereits mindestens einen Tag vorher, was Sie besichtigen wollen. Nehmen Sie dazu die gamescom App als Hilfe. Dort befinden sich meist schon die Hallenpläne und Terminpläne der Bühne. Dabei muss sich das Kind genau überlegen was es wann anschauen möchte. Für die Autogrammstunde des Lieblings Youtubers können einige Stunden abgehen, aber auch für das Anstellen an dem Lieblingsspiel. Auch das Handy mit der Lokalen Map, der aktualisierten App und der möglichen Standort Freigabe sollte vorbereitet sein, denn die Messe hat zwar sehr schnelles Internet und ausgebaute Netzwerke, aber bei über 300.000 Leuten können sie sich vorstellen wieviel schief gehen kann.

Das frühe Aufstehen ist wichtig, denn auch wenn der Einlass erst um 9 Uhr ist, sollten Sie bereits um 8 vor Ort sein. Die ersten verrückten kommen bereits um 6.30 Uhr an die Eingänge zur Messe.

Bereits am Vorabend bequeme sollte Sie Schuhe, Verpflegung und Kleider zurechtlegen. Jede Minute, die Sie sich am

Morgen sparen können, bringt Ihnen kostbare Zeit für den Tag. Ihrem Schützling sollte dies in diesem Moment nicht schwerfallen. Dieser wird sowieso bereits am Morgen mit dem Wecker so aktiv sein wie nach zwei Flaschen Cola. Und wir können es nur betonen, denn die gamescom ist keine Modenschau! Außer für die Personen mit Cosplay Kostüm. Daher bequeme Schuhe und keine schönen.

Wie bereits beschrieben, sollten Sie mit dem Schützling überlegen, wo es überhaupt hingehen sollte. Die großen Titel sind weitestgehend bekannt und Sie können die Stände bereits raussuchen. Neben der App auf Ihrem Smartphone (iOS / Android) hilft auch eine ausgedruckte Karte. Das Internet auf der gamescom wird wieder sehr stark belastet sein, und Sie werden vermutlich nicht immer eine gute Verbindung haben.

Android	Apple

Verpflegung

Stellen Sie sich vor, sie seien Stunden lang entfernt von Getränken und Essen. Genau das ist es schon. Nach langem stehen und Sitzen bleibt Ihnen nur der teure Food Truck. Ein kleines Wasser oder eine kleine Cola für 4 € sind keine Seltenheit. Die Messepreise haben es in sich. Denn Pizza und Nudeln mit Preisen über 8 € sind ebenso an der Tagesordnung. Auch wenn es einen McDonalds und ähnliche Nahrungsquellen am Südeingang gibt, bringen diese nichts. Auf der Messe gibt es keine Chance an günstiges Essen zu kommen, außer man bringt es selbst mit. Auf der Messe sind selbstmitgebrachte Getränke und Essen erlaubt. Allerdings sollte hier möglichst auf Zucker verzichtet werden. Daher lieber selbstgemacht Brote und Wasser mitbringen. 2-3 Liter Wasser pro Person sollten hier bedacht werden. Anfangs ist es schwer. Das Sie jedoch den ganzen Tag vor Ort sind muss diese Qual anfänglich sein. Es gibt auch gratis Wasser in der Family & Friends Abteilung. Das ist gesponsert vom DRK und auch für uns schon oft eine Hilfe gewesen, da selbst uns Messe Veteranen die Getränke ausgehen. Verzichtet auch auf Salziges, denn das lässt das Durstgefühl nur noch mehr steigen.

Unser Tipp: 1 Apfel,1 Brezel, 2 belegte Brote, 1 große 1,5 Liter Wasserfalsche und eine 0,5 Liter Wasserflasche pro Person mitnehmen. Das kann man mit kleinen Knabbereien verknüpfen.

Damit kommen Sie bis zum Abend durch und können dann ordentlich zu Abend essen.

Ein weiterer Tipp gilt den Rauchern. Auf der Messe gibt es nur die Möglichkeit außerhalb der Hallen zu Rauchen. Dort seid

Ihr oftmals der prallen Sonne ausgesetzt, sofern Ihr es überhaupt rausschafft. Das ist die optimale Möglichkeit mit dem Rauchen aufzuhören.

Ankunft

Das Ticket für den Nahverkehr ist beim gamescom Ticket inklusive. Das gilt für den Verkehrsbund VRS und VRR. Eingeschlossen sind damit Busse, S und U-Bahnen, sowie die entsprechenden Züge. Lediglich Züge der Deutschen Bahn wie IC/EC und ICE sind ausgeschlossen.

Sollte ihr Schützling noch unter 12 sein, so müssen Sie ihn den gesamten Messebesuch beaufsichtigen. Die Messe wird kontrolliert und Sie möchten keine Strafe der Stadt Köln riskieren. Die Stadt ist sehr tolerant, aber nicht bei vernachlässigter Aufsichtspflicht.

Der richtige Eingang

Die Eingänge für reguläre Besucher sind am Süd und Nordeingang. Ersterer ist direkt am Anschluss zum Bahnhof Köln Deutz. Der Westeingang ist nur für Lieferanten und LKWs und der Osteingang ist Fachbesuchern und Medienvertretern vorbehalten. Erspart euch die Zeit, um da zu versuchen hineinzukommen. Nach langem diskutieren werdet ihr dennoch zum Süd oder Nordeingang verwiesen. Der Einlass am Südeingang ist unserer Meinung nach der Beste, denn trotz des größeren Andranges ist dieser wesentlich besser optimiert. Außerdem ergibt sich hier die Möglichkeit gleich in den Bereich Family & Friends zu gelangen.

Kommunikation ist alles

Die gamescom erweist sich auch als Herausforderung der Kommunikation. Sowohl für Sie, die Person die Sie begleiten, wie auch die Aussteller. Die Kommunikation ist alles. Das sollten Sie sich bewusst machen. Einen Namen ausrufen oder durch die Hallen brüllen ist so hilfreich wie auf einem Rockkonzert vor der Bühne zu telefonieren.

Es ermöglicht aber auch, ihre Begleitperson darauf vorzubereiten, wie man mit Mobilgeräten umgeht, sofern diese noch keines hat. Egal in welchem Alter sich die Personen befinden, die mitgehen, dies gilt auch für Erwachsene Mitstreiter. Klären Sie ab, wo man sich im Notfall trifft. In über 10 Hallen, mit bis zu 3 Stockwerken und Kilometerlangen Gängen, findet man sich nur mit viel Glück.

Klare Anweisungen wie und wo man sich zu treffen hat, sind unabdingbar. Diese sollten wenn möglich in der Messe sein. Zusätzlich sollten Sie einen Notfall Termin für den Abend machen. Hierfür eigenen sich markante Punkte am Rand der Messe oder ggfs. außerhalb der Messe. So ist der McDonalds am Bahnhof Deutz eine Möglichkeit, aber auch die großen Treppen am Südeingang. An jedem Eingang gibt es markante Punkte, die Sie ausmachen können.

Standortfreigabe für den Notfall

Wir können nicht oft genug betonen, welche Ausmaße diese Messe hat. Neben einem möglichen Notfall Treffpunkt ist die Standort Freigabe unser Tipp. Mit dieser Freigabe wissen Sie bis auf wenige Meter wo sich die anderen Personen aus ihrem Umfeld befinden.

Whatsapp

Mit dem Messenger können Sie bis zu 8h eine Freigabe erteilen. Dieses Tracking ist das Aktivste und auf allen Geräten problemlos möglich. Allerdings steigt hier der Akkuverbrauch und die Freigabe ist auf 8h limitiert.

Google Maps

Unter dem Google Hilfe Beitrag 7326816 gibt es eine grundlegende Anleitung wie man die Maps Freigabe erteilt. Diese ist individuell terminierbar und spart Akku. Allerdings ist sie weniger genau und nicht Live, sondern bis zu 10 min. verzögert. Google hat zusätzlich auch die Family Link App bereitgestellt. Diese Anleitung ist unter dem Google Hilfe Beitrag 7103413 veröffentlicht.

Apple

Alle iPhone Nutzer ab iOS 13 könnten unter dem Hilfebeitrag HT201087 „Deinen Standort für die Familie freigeben" anderen iPhone Nutzern ihren Standort freigeben. Hier jedoch liegt der problematische Aspekt daran, dass nur Apple User diese Funktion nutzen können. Sollte ihr Schützling also kein Gerät dieser Marke nutzen, ist diese Funktion nicht nutzbar.

Damit Sie sich einen Eindruck verschaffen können, wie viele
Menschen auf diesem Event sind, sehen Sie hier ein Foto
eines gemäßigten Vormittages. Erst am Nachmittag werden
die Gänge hier randlos voll sein. Ein Auffinden hier erweist
sich auch als Veteran der Messe als äußerst schwierig.

*9 - Der Hauptgang der Messe zur mäßigen Zeit - Foto: Sebastian
"Huskynarr" Selinger*

Die gamescom ist unbegreiflich groß und gefüllt mit so vielen
Menschen wie Sie nie zuvor gesehen haben. Auch wenn ihr
Kind noch kein Telefon hat, wäre es hier eine Überlegung
wert, ob man ein Notfall Telefon bereithält. Das man sich aus
den Augen verliert, passiert hier schnell. Aber es gibt genug
Punkte, an denen man sich wiederfindet. Neben den Hallen
Ausgängen gibt es auch die Möglichkeit, sich an den Decken
zu orientieren. Hier hängen große grüne Würfel, an denen die
Hallen Nummer und Buchstaben stehen. Kinder orientieren

sich jedoch besser, wenn Sie sich am Anfang der Hallen bestimmte Stände merken. Wenn Sie also Kinder haben, die lieber Xbox oder Switch spielen, können Sie den Treffpunkt für den Notfall bestimmen.

Was Sie ebenfalls machen sollten, ist einen kleinen Zettel oder ein Armband mit Notfall Kontakt Daten zu hinterlegen.

Unabhängig vom Alter, auch unter den Erwachsenen sollten Sie einen Notfall Treffpunkt ausmachen ggfs. auch für den Abend, damit man sich wieder findet.

Altersbändchen

Das berühmte Altersbändchen ist unabdingbar auf der Messe. Ohne dieses ist kein Anspielen von Spielen ab 12 Jahren möglich. Die Farben der Bändchen entsprechen dem Farbcode der USK.

- **Grün: Ab 12 Jahren**
- **Blau: Ab 16 Jahren**
- **Rot: Ab 18 Jahren**

Durch die Altersbändchen sehen die Aussteller, ob ihr Inhalt auch für den entsprechenden Besucher geeignet ist. So erscheinen Inhalte ab 16 Jahren zwar nicht vollständig in abgetrennten Bereichen, jedoch sind die Bildschirme dem Publikum abgewandt aufgestellt.

Inhalte für Erwachsene die keine Jugendfreigabe, bzw. USK 18 erhalten haben, erfordern abgetrennte Bereiche und sind daher nicht einsehbar.

Alle anderen Inhalte die auf den Leinwänden, Bühnen und öffentlich einsehbaren Monitoren gezeigt werden, sind grundlegend für alle Altersklassen verfügbar.

Verfügbarkeit der Altersbändchen

Das Altersbändchen muss nicht beim erst besten Ausgabestand nach dem Eingang geholt werden. Hier bilden sich sehr lange Warteschlangen, welchen einem viel Zeit kosten können. Nutzen Sie einen der Stände in den anderen Hallen oder im Außenbereich. Hier geht es schneller und wesentlich angenehmer voran.

Dieses Altersbändchen gibt es nur gegen Vorlage eines amtlichen Lichtbildausweises. Ist dieser nicht vorhanden, gibt es auch kein Bändchen. Ohne dieses Bändchen ist somit auch kein Anspielen möglich. Daher sollte vor Beginn der Reise und vor dem Besuch des Veranstaltungstages dringend geprüft werden, ob dieser mit im Gepäck ist.

Das Altersbändchen ist vollständig kostenlos und es fallen keine Preise an. Diese werden auch nicht in Masse herausgegeben. Wer also eines möchte, muss sich in der Schlange anstellen. Sie werden vor den Augen des Personals, am Handgelenk festgemacht und sind nicht ohne Beschädigung des Bandes entfernbar.

Keine Ausnahmen und kein Elternprivileg

Während man im privaten auch eine Ausnahme machen kann, ist die gamescom hier rigoros. Es gibt keine Ausnahmen egal, wer man ist. Das Standpersonal hat die Anweisung so streng zu kontrollieren wie möglich und keine Ausnahmen zu dulden bzw. zu zulassen. Neben der USK überprüfen auch die Kölner Behörden in und um das Messegelände herum, damit alles seine Richtigkeit hat.

Hierunter fällt auch das geliebte Eltern Privileg. Auch wenn Sie ihrem Schützling ein Spiel erlauben, das nicht seinem Alter entspricht, so wird dies auf der gamescom nicht toleriert. Sollte ihr Schützling in wenigen Wochen oder Monaten das entsprechende Alter erreichen, wird er sich damit abfinden müssen. Ebenso gibt es keine Ausnahmen bei den amtlichen Lichtbildausweisen. Ohne diese erhalten Sie kein Bändchen. In diesem Bezug gibt es eine 0-Toleranz Politik.

Bei einigen Inhalten, die auf der Messe zu finden sind, werden sie auch verstehen, weshalb man hier so streng ist. Somit sind auch weniger Kinderspiele neben Egoshootern zu finden.

Im Zweifel wird geprüft

Wie Sie sich nun auch vorstellen können, wird die Köln Messe im Falle des Zweifels sich das Recht herausnehmen, ihr Alter und im schlimmsten Fall das Ticket zu kontrollieren. Allerdings haben wir so etwas in unserer langjährigen Erfahrung nie in diesem Ausmaß erlebt. So gab es schon einige weniger Male, das Altersbändchen abgegeben werden mussten, aber mehr nicht. Die Koelnmesse bzw. die gamescom haben das Hausrecht. Jedes Jahr gibt es eine Handvoll vermeintlich cleverer Besucher, die der Meinung sind, dass Sie mit einem erschlichenen Bändchen Zugang zu einem für ihr Alter nicht gerechtes Programm erhalten.

eSports Bühnen Ausnahme

Die einzige Ausnahme im Bereich der Altersfreigabe ist im Bereich des eSports. Die frei zugänglichen Showbühnen bei denen einige Disziplinen wie Counter-Strike: Global Offensive oder Fortnite stattfinden, werden teiloffen gezeigt. Allerdings sind auch hier Mitarbeiter unterwegs die entsprechend das Alter kontrollieren.

USK-Abweichungen

Da viele Spiele sich noch in der Entwicklung befinden oder für die Präsentation auf der gamescom geschnitten wurde, kann es vorkommen das diese Inhalte eine andere Freigabe erhalten als das fertiggestellte Produkt.

Wegfindung

Die Wegfindung ist anfänglich irritierend. Doch alle Hallen sind beschriftet, nummeriert und sogar die Stände haben Kennzeichnungen. Der Hallenplan sieht jedes Jahr ähnlich aus. Als regulärer Besucher können Sie die Hallen 5 bis 11 besuchen und besichtigen. Die Hallen 1 bis 4 sind Fachbesuchern und Medienvertretern vorbehalten. Zudem sind innerhalb dieser Hallen alle Aussteller abgeschirmt und überwacht.

10 - Der Messeplan der gamescom 2019 - Quelle: gamescom.de

Um herauszufinden wie viel Aktivität in den Hallen existiert, gibt es seit 2020 nun auch die eGuard App der Köln Messe. Wie das Magazin Xboxdev.com[13] berichtet, ist sie seitdem verpflichtend für einen Besuch der Messe Hallen.

Die beste Wegfindung erhält man, wenn man sich spezifisch zwischen zwei Hallen verabredet. Vermeiden Sie dabei allerdings ungenaue Positionen. Wenn Sie sich zum Bsp. An der Halle 10 verabreden gibt es 2 Stockwerke. 10.1 und 10.2 heißen dabei die Hallen. Zur Orientierung Können Sie „Halle 10 oben Richtung Halle 9" sagen und es ist wesentlich leichter sich wieder zu finden. Nutzen Sie dabei nicht nur den Boulevard, sondern auch die vielen Seitengänge. Dies macht es einfach von A nach B zu kommen.

---

[13] https://xboxdev.com/gamescom-2021-koelnmesse-fuehrt-pflicht-app-b-safe4-programm-und-waffenscanner-ein/

Beschäftigung

Früher oder später werden Sie nicht darum herumkommen, sich in eine der langen Schlangen stellen zu müssen. Das man im frühen Alter ein schlechteres oder fehlendes Zeitgefühl besitzt, erkennt man daran, dass manche Spieler sich auch bei Warteschlangen mit über 4h anstellen. Wenn Ihr Kind, das unbedingt will, werden Sie irgendwann nachgeben. Versuchen Sie hierbei dem Kind möglichst nahezubringen, das man auch vieles anderen in der Zeit entdecken kann. Wenn Sie dann, dennoch in der Warteschlange sind, kommt die Frage, was man nun mit der vielen Zeit anfängt. Als Erstes könnten Sie sich das Spiel erklären lassen und was die Besonderheit daran ist. Dis Diskussionskultur unter den Spielern ist sehr ausgeprägt.

Viele der Besucher kommen auch mit Kartenspielen oder Bücher zur gamescom. Wenn Sie sich unter erschwerten Bedingungen auch über ein Buch erfreuen können, ist es endlich eine Möglichkeit das Buch fertig zu lesen. Eine Sache, die wahrscheinlich schon sehr lange verschoben worden ist.

Alternativ können Sie sich auch dem Bild der Spieler anschließen und endlich das Level an dem sie im Candy Crush etc. hängen bewältigen. Die Leute werden ihnen hierbei gerne auch Notfalls helfen.

Der Kreativität sind hier keine Grenzen gesetzt, nur dem Akku und ihrem Gepäck. Eine ähnliche Vorstellung wie die freiwillige Wartezeit in einem Stau. Alles eine Frage der Vorbereitung.

Sollten Sie sich entschließen neben der Warteschlange zu warten und sich andere Stände anzuschauen, können wir Ihnen versichern, es gibt viel zu sehen.

11 - Casemodding Ausstellung beim Stand von Caseking - Modder: Ali Abbas - Foto: Sebastian "Huskynarr" Selinger

Neben den Spielen gibt es oftmals viele Figuren in Riesigen Ausmaßen. 2019 gab es sogar den Tresor und Double aus Haus des Geldes zu sehen. Wer würde nicht mal gerne einen Berg aus Geldscheinen besteigen wollen?

Einige Aussteller präsentieren zudem ihre Spielfiguren in Lebensgröße. Diese zum Teil zwei Meter großen Figuren sind atemberaubend. Es gibt echte Rennautos, Traktoren und Nachbauten von Star Fighter, zu sehen. Die Hersteller alles auf den Kopf um ihre Fans zu überzeugen.

*12 - Lebensgroße Figur Hammond - Affe aus Blizzards Overwatch - Foto:
Sebastian "Huskynarr" Selinger*

Tüten, Shirts und and andere Goodies

Nahezu jeder Stand gibt Goodies (zu dt. Werbegeschenke).
Dabei kann es sich um Aufkleber, Einkaufstüten oder auch
Shirts handeln. Besonders beliebt sind jedes Jahr die Tüten
von Wargaming. Diese sind wie gutaussehende Ikea Tüten,
die sehr zum Großeinkauf geeignet sind. Außerdem auch
Energy Drinks.

Highlights sind Stände von Hardwareherstellern und
Verkäufern die neben Kugelschreibern, Gummibären und
sogar echte Hardware verlosen. So werfen der Händler
Caseking und der Entwickler Wargaming jedes Jahr die
neusten Grafikkarten in die Mengen, verlosen Stühle und
vieles mehr. Denken Sie aber an eines, Sie müssen auch nach
Hause, bekommen.

Wenn Sie allerdings einen Echtleder Noble Chair Stuhl und eine Grafikkarte gewinnen, kann selbst ein Taxi lohnend sein.

Umgangssprache

Wir könnten Ihnen umfangreiches Material in Form eines Lexikons mit über 50 Seiten zur Verfügung stellen. Allerdings wäre es eine Herausforderung, sich diese Informationsfülle zu merken. In vielen Fällen empfiehlt es sich, bei Unklarheiten direkt die Person zu befragen, die den jeweiligen Begriff verwendet hat. Aufgrund der offenen, ehrlichen und direkten Kommunikationskultur können dabei auch unangenehme Kommentare auftreten, über die man hinwegsehen sollte.

Viele der gebräuchlichen Begriffe entstehen aus Abkürzungen oder sind der Spielkultur entlehnt. Wenn Sie beispielsweise in einem Chat „FFFFF" oder „F" sehen, bedeutet dies nicht eine Zensur, sondern steht für „F for Respect". Dieser Ausdruck stammt aus einer Szene des Spiels „Call of Duty", in der Spieler durch Drücken der Taste „F" einem gefallenen Helden Respekt zollen. Ähnliche Phänomene finden sich in Ausdrücken wie „The cake is a lie" und „Raiden".

Es ist unvermeidlich, dass sich Sprache weiterentwickelt, auch wenn dies nicht immer auf Zustimmung stößt. Selbst unser Autorenteam muss zugeben, nicht immer auf dem neuesten Stand der Entwicklungen zu sein. Die Umgangstöne können oft schroff wirken, auch wenn sie nicht so gemeint sind. Dennoch ist es wichtig, auf einen angemessenen Austausch zu achten.

Family & Friends + Retro

Falls Ihr Schützling hauptsächlich mit modernen Smartphones und Konsolen vertraut ist, könnte ein Besuch in der „Family & Friends"-Abteilung eine bereichernde Erfahrung sein. Dort finden Sie einen speziell eingerichteten Retro-Bereich, der viele Spieleklassiker beherbergt. Es könnte ihn interessieren, selbst einmal einen Blick auf die klassischen Konsolen und die wahren Schätze der Spielegeschichte zu werfen. Zudem bieten Flipperautomaten und andere nostalgische Geräte einen Einblick in die vergangenen Tage der Spielkultur und wecken Begeisterung für die Anfänge der digitalen Unterhaltung.

In dieser Abteilung wird zudem großer Wert auf den verantwortungsbewussten Umgang mit digitalen Medien gelegt. Durch tägliche Workshops, geleitet von Veranstaltern wie der USK, wird Wissen zu einer Vielzahl von Themen spielerisch vermittelt. Dazu gehören Kurse im Programmieren, Robotik sowie historische Einblicke in die Videospielgeschichte. Eltern haben die Möglichkeit, sich neben Aktivitäten wie „Just Dance" auch eine Auszeit am Flipperautomaten zu gönnen.

Achten Sie darauf: „Family & Friends" ist auch der Bereich, in dem das DRK kostenlos Wasser verteilt. Es ist der ideale Ort für eine kurze Pause und Erholung.

Zwischen den zahlreichen Retro-Konsolen, Kinderaktivitäten und Flipperautomaten finden Sie auch topmoderne Handhelds, die die Brücke zwischen alter und neuer Spieltechnologie schlagen.

13 - Retro Area in Halle 10 - Zwischen Amiga, Atari und Flipper - Foto: Sebastian "Huskynarr" Selinger

Cosplay Area

Neben alldem, erblickt man auch jedes Jahr Hochzeitsanträge. So durften wir selbst schon einmal miterleben, wie auf der Cosplay Area sich ein Paar verlobte. Dabei erwähnte er auch, dass Sie sich dort kennen lernten.

Autogramstunden

In der sogenannten Signing Area besteht die Möglichkeit sich das Autogramm seiner Lieblingsstars zu ergattern. Überlegen Sie sich gut, ob Sie das ihrem Schützling oder sich selbst antun möchten. Je beliebter der Star ist, umso länger sind die Schlangen. Einige Fans sind so verrückt und warten den kompletten Tag nur auf das eine Autogramm.

Zwischenpausen

Nutzen Sie jede Möglichkeit einer Pause, um zu entspannen. Denn wenn Sie mehr als einen Tag vor Ort sind, werden ihre Nerven äußerst strapaziert. Im Family & Friends Bereich können Sie sich hinsetzen, etwas kleines Essen und ggfs. Wasser trinken. In anderen Hallen ist das nicht immer möglich.

Entspannung im Außenbereich

Gerade wenn die Sonne scheint, möchte man am liebsten dem ganzen Messetrubel entfliegen. Ein Sandstrand und ein Cocktail wären doch etwas Schönes? Auch das hat die gamescom. Beim Red Bull Gaming Club kommt ein wenig Strand Feeling auf und Sie können dort etwas entspannen. Die Foodtrucks und das Erholungsgebiet befindet sich nördlich von Halle 8.

Gesperrte Areale

Die Köln Messe ist riesig, daher gibt es auch viele Bereiche, die für reguläre Besucher nicht zur Verfügung stehen. So gibt es diverse Fachbereiche für Entwickler, Verkäufer etc. und auch interne Bereiche für die Mitarbeiter der Messe.

Business Area

Wie Sie nun bereits erfahren haben, heißt gamescom nicht nur Spiel und Spaß. Hinter diesen ganzen Traumwelten stecken tausende Menschen, diese müssen sich vernetzten, austauschen und auch Deals abwickeln. Genau hierfür sind die Business Bereiche gedacht. Besucher versuchen regelmäßig dorthin zu kommen, um die neusten Spiele zu sehen, die jedoch in den kommenden Jahren erscheinen.

Allerdings sind innerhalb der Business Area, viele kleine abgeschottete Bereiche. Große Publisher haben diese zusätzlich abgesperrt.

Wie bereits erwähnt lohnt es sich nicht in diesen Bereich zu schmuggeln. Stress, Ärger und Zeit Verschwendung. Denn ohne Termin kommen Sie auch nicht an die „Geheimen Spiele". Um zum Bsp. ein Neues geheimes EA Spiel zu sehen, müssten Sie an 4 verschiedenen Kontrollen vorbeikommen. An der 3. Müssen Sie sogar einen Ausweis vorlegen zur Identitätsprüfung.

Aussteller Räume

Zudem meist anzutreffenden Räumen, gehören die Aussteller Räume. Diese sind meistens auf dem Booth direkt zu finden und für Mitarbeiter gedacht. Lager, Pausenraum und mehr befinden sich dort. Hier sollte man darauf achten, nicht versehentlich hereinzulaufen. Manche Aussteller sind hier am Ende der Woche sehr reizbar.

Messe Management

Die Messe Köln hat neben der Messe auch die eigenen Büros, Service Angebote & Co. auf der Messe verteilt. Zu diesen kommen Sie nur in seltenen Fällen. Diese sind dann auch meist überwacht bzw. abgesichert oder verschlossen.

Pädagogische Nutzen

Auch wenn auf den ersten Blick kein pädagogischer Nutzen ersichtlich ist, so ist dieser definitiv vorhanden. Versuchen Sie bei an alle Themen und Aspekte möglichst objektiv und neutral heranzugehen. Auch wenn es nicht unbedingt ihrer Ansicht entspricht, sollten sich versuchen die Meinung andere zu verstehen. Und auch genau dieses Verhalten sollten Sie in ihrer Funktion als Vorbild ihres Schützlings zeigen.

Das Klischee des Gamers

Auch wenn das Klischee der Gamer auf einen Teil der Personen zutrifft, so sind diese nur eine kleine Minderheit. Denn von über 80 Millionen Menschen, die in Deutschland leben, zählen 34,3 Millionen Menschen zu der Kategorie Gamer. Der Jahresreport des GAME Verbandes schreibt zudem, dass 35% der Spieler regelmäßig spielen. Wenn Sie auch nur Kinder erwarten, werden Sie wieder überrascht sein. Denn die größte Spieler Gruppen sind mit 9,9 Millionen Spieler, über 50 Jahre alt. Zu den beliebten YouTubern gehört auch der Kanal „Senioren Zocken" der bereits über 500.000 Abonnenten[14] besitzt.

Akzeptanz anderer Individuen und Meinungen

Trotz der harschen Umgangstöne herrscht auf der gamescom eine Devise: „The heart of gaming". Alles was zählt ist das Gaming, da ist es dann egal, welcher Herkunft man ist, welche

---

[14] https://youtu.be/wuMJk3sivD4

Sprache man spricht, welche Plattform bevorzugt wird oder welche Sexuelle Orientierung eine Person hat. Akzeptanz ist das Stichwort.

Religionen

Das Thema rund um „Welche ist die bessere Konsole" ist seit Beginn des Gamings ein fester Bestandteil dieser Diskussionskultur. Meist entsteht die Diskussion zwischen PlayStation und Xbox Anhängern. PC-Spieler werten Konsolen gerne ab und Nintendo Spieler enthalten sich oft. Microsoft versucht seit 2018 die Aspekte der „Exklusiv Titel" zu beseitigen. Auch EPIC Games und andere Entwickler möchten diesen Kult nicht fortführen. Jede Plattform hat ihre Vorzüge und ihre Eigenheiten. Wichtig ist nur, dass man sich hierbei offen austauscht und versucht als Erwachsener neutral und objektiv zu handeln. Lassen Sie sich ruhig die positiven und negativen Punkte der jeweiligen Plattformen erklären. Seien Sie jedoch gewarnt, stellen sie niemals die direkte Frage wie: „Welche ist die beste Konsole?".

Genderwahn

Auf und um die Messe herum werden Sie viel Sehen. Auch Transgender, Drag Queens und vieles mehr. Wenn Sie eher für die traditionellen Werte stehen, könnte der Aufenthalt eine durchaus spannende Erfahrung werden. Die gamescom und die Stadt Köln sind kulturoffene und freundlich gesinnte Orte, an denen jeder willkommen ist. Erklären Sie dem Schützling dies, sollte er hier Fragen haben. Insbesondere ist es dann wichtig, wenn ein Transgender klar erkennbar ist und das Kind eventuell neugierig oder gar irritiert ist.

Themen wie Feminismus und LGBTQ sind an der Tagesordnung und überallsichtbar. Daher werden sie alle Arten von Sexueller Orientierung und Geschlechtern sehen. Dies ist mal mehr und mal weniger offen sichtbar.

Berufliche Orientierung

Die gamescom beschäftigt sich abseits von Spiel und Spaß auch mit dem Ernst des Lebens. So trifft man vor Ort auch Ausbildungs- und Studienmöglichkeiten. Sowohl das Bildungsministerium, das Land Nordrhein-Westfalen, wie auch die Messeveranstalter möchten den Sprösslingen eine Zukunft in ihrem Lieblingsthema widmen. Wichtig bei allen vor Ort Vertretenen ist, einfach nachfragen. Dafür sind die Aussteller dort Dabei kann man Sie allerlei verrücktes Fragen. Hat es Sie nicht schon immer brennend interessiert, wieso das Finanzministerium Azubis bei der gamescom sucht? Oder was bietet die Bundeswehr als Arbeitgeber? Die Menschen vor Ort sind offen und ehrlich. Auch wenn Sie neue Mitstreiter umwerben sollen, so setzen die meisten auf Ehrlichkeit und plaudern so auch gerne aus Nähkästchen.

Nutzen Sie die Chance für ihren Schützling und auch ggfs. für sich selbst. Neben den Lerninhalten, Ausbildungen & Co. ist auch für Umschüler und Quereinsteiger etwas mit dabei. Genau aus diesem Grund gibt es auch ganze Schulklassen, die im Rahmen der Berufsfindung die gamescom besuchen. Die Schüler müssen sich am Vormittag den gamescom Campus anschauen und dürfen dafür am Nachmittag „zocken" gehen.

Wenn Sie Fragen an das Unternehmen dort haben, zögern Sie nicht und fragen Sie die entsprechenden Personen. Genau hierfür sind diese da.

Ausbildung

Unternehmen und Behörden gleichermaßen buhlen um die Aufmerksamkeit der Besucher. Von Professioneller QA/QS (Qualitätssicherung) über Behörden wie der ZiTIS (Zentrale Stelle für Informationstechnik im Sicherheitsbereich) bieten alle ihre Ausbildung Plätze an. Auch die Bundeswehr ist vor Ort, um junge Leute für sich gewinnen zu können. Alle haben dabei eines gemeinsam, Sie sind offen und ehrlich. So konnten wir der Bundeswehr selbst schon sehr unangenehme Fragen stellen, die uns ehrlich beantwortet wurden. Auch die Behörden und Unternehmen antworten möglichst direkt und transparent, soweit Sie können und dürfen. Selten hat man hier solche Möglichkeiten sich mit Traumberufen auseinander zu setzen. Auch wenn bei vielen ein mittlerer Bildungsabschluss gefordert wird, ist dies nicht ausschlaggebend. Jemand der in seinem Fachgebiet begabt ist, kann hier von sich überzeugen. Eine Auswahl an Ausbildungsberufen haben wir hier:

- Mediengestalter
- Fachinformatiker (Schwerpunkte Anwendungsentwicklung/Systemintegration)
- Game Designer
- Game Programmierung
- Kauffrau/Mann für Marketing Kommunikation
- Einzelhandelskauffrau/Mann

Es gibt noch unzählige weitere Berufsgruppen die Vertreten sind, allerdings zu viele um sie alle in diesem Ratgeber aufzulisten.

Doch nicht jeder eignet sich für jeden Beruf. Um genau das herauszufinden gibt es diverse Möglichkeiten wie Praktika.

Die Sicherheitsbehörde ZiTIS setze dabei 2019 auf ein Rätsel.
In diesem Rätsel ging es darum herauszufinden, wie der
Lösung Satz hieß. Hierzu wurden diverse Kryptografische
Methoden eingesetzt.

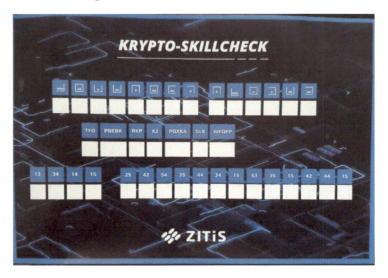

14 - Krypto Skill check ZiTIS - Quelle: huskynarr.de [15]

Um den Lösungssatz herauszufinden, erhielten die Besucher
einen weiteren Zettel mit der Aufschrift folgenden Bildes.

---

[15] https://huskynarr.de/gamescom-2019-zitis-krypto-skillcheck/

OH MEIN CAESAR!

HILF DEN FREIMAURERN IN DER MATRIX!

WTF!?

SCHEINT SCHWER WIE EIN NEUES **DARK SOULS**,
IST ABER BEZWINGBAR MIT GRIPS UND EINEM KUGELSCHREIBER.

DEN **WALKTHROUGH** GIBT'S AUF UNSEREM STAND:
HALLE 10.2 STANDNUMMER B28-C28.

ZITiS

15 - Krypto Skill check ZiTIS - Quelle: huskynarr.de

Personen, die das Rätsel lösten, erhielten neben dem Flyer für eine Ausbildung auch einen Rucksack und kleinere Goodies. Diese Personen haben ein Talent, das die Behörde sehr gut gebrauchen kann.

Studium

Viele Institute suchen hier nach Potenziellen Studenten. Neben der Games Academy sucht auch das SAE Institut akribisch nach neuen Talenten. Dabei suchen Sie in allen Fachbereichen.

So kann man neben Game Design auch künstliche Intelligenz und Animation studieren. Seit einigen Jahren gibt es auch das Studienfach eSports Management in dem man alles rund um das Event Management, Talent Akquisition und Recruiting erlenen kann.

Auslandssemester

Viele der Aussteller bieten ebenfalls ein Praktikum an. Dabei bezieht sich das Zielgebiet nicht nur auf Deutschland, sondern auch auf Frankreich, Kanada, Los Angeles, Asien und Russland. Überall wo Spiele entwickelt werden, gibt es auch Möglichkeiten Schnupperkurse zu absolvieren. Das betrifft somit nahezu fast die ganze Welt.

Allgemeine Tipps für die Karriere im Gaming Bereich

Auch wenn man gute Noten hat, ist es hilfreich weitere Aspekte zu beachten. So ist es nicht von Vorteil, wenn man sich auf ein Spiel oder ein Thema fixiert, wenn man nicht entsprechend nur zu diesem einen Unternehmen möchte. Fliesendes Englisch ist nahezu die Voraussetzung, um in der Industrie voranzukommen. Ein Pluspunkt, mit dem Sie bei nahezu jedem Unternehmen punkten können, ist eine weitere Fremdsprache wie Französisch, Chinesisch, Japanisch oder Russisch. Französisch ist insbesondere in Kanada ein wichtiger Punkt. Unternehmen und Publisher wie EA bzw. Ubisoft haben dort viele ihrer Mitarbeiter.

Zudem können Erfahrungswerte aus der Qualitätssicherung, kreativem Arbeiten oder ähnlichen Tätigkeiten den Lebenslauf ausschmücken. Wenn Sie oder ihre begleitete Person Interesse an einem besonderen Unternehmen haben, dann zögern Sie nicht alle Fragen, die ihnen einfallen an das Unternehmen zu stellen. Auch hier ist es wieder von Vorteil sich diese für später zu notieren und sich ggfs. Werbematerial mitgeben zu lassen. Dies geht nur, wenn das Unternehmen auch in Jobs & Career vertreten ist. Nehmen Sie sich die Zeit und schauen Sie sich jedes Unternehmen an. Denn auch wenn ein Name nicht zusagt, sollten Sie ganz genau schauen welche Bereiche das Unternehmen abdeckt.

Sucht und Gefahren Prävention

Die gamescom bietet auch allerlei Hilfen zur Suchtprävention an. Allerdings bitten wir Sie hier die Hilfe der bundespolitischen Zentrale für Bildung unter bpb.de oder ähnliche Einrichtungen aufzusuchen.

Es gibt diverse Möglichkeiten Kinder und Jugendliche vor Gewaltinhalten und Suchtproblemen zu schützen. Hierfür gibt es noch einmal eigenständige Ratgeber.

Gepäcklisten

Um ihnen etwas Zeit zu ersparen, haben wir ihnen eine Gepäckliste erstellt. Diese ist auch online verfügbar auf www.xboxdev.com/gamescom-survival.

Wir haben die Liste auch als Anregung für ihre eigene hier abgedruckt.

Für die Reise

Was man für die grundlegende Reise benötigt, hängt natürlich auch von ihren Belangen ab. Für die Stadt Köln ist unsere Liste allerdings empfehlenswert.

	Lauf/Alltags/Ausgehschuhe		Platz in der Reisetasche für Goodies
	Kleidung + Ersatzkleidung		
	Google Maps Offline Installation		
	Google Übersetzer + Sprachen		
	Hygiene Artikel		
	Reisebeschäftigung		

Selbstverständlich können sie auch andere Anwendungen als die von Google nutzen, jedoch haben wir hier die beste Erfahrung bislang tätigen können.

Für den Messeaufenhalt

Den Messe Aufenthalt selbst, sollten sie gesondert planen. Wenn sie daran denken, die Sachen für den Abend mitzunehmen, raten wir ihnen dringendst davon ab, diese mit auf die Messe zu nehmen. Auch die Unterbringungen am Bahnhof sind meist voll. Sie dürfen den bis zu 10h Messe Aufenthalt nicht unterschätzen, denn jedes Gramm wirkt am Ende des Tages, insbesondere am Ende der Woche, wie ein weiteres Kilogramm.

Deo	Bargeld & EC/Kredit Karte
Powerbank	Knabberzeug
Wasser	Kartenspiel
Ausweis	Buch
Handliches Desinfektionsmittel	
Taschentücher	

Das Gamescom ABC!

1. **G**ames statt Trailer – Informieren Sie sich vor dem Stand, ob es ein Trailer ist.
2. **A**nstellen lohnt nicht – Andere Möglichkeiten sind spannender und schneller.
3. **M**erchandise ist großartig – An den Merchandise Ständen gibt es großartige Mitbringsel.
4. **E**ntwickler hautnah – Nur hier treffen sie Entwickler die mehr über ihr Spiel verraten können.
5. **S**icherheit geht vor – Planen sie ihren Aufenthalt jeden Tag neu!
6. **C**ams – Wenn sie Kamerascheu sind, haben sie dennoch keine Chance.
7. **O**ffenheit ist die Devise – Ihre Fragen werden mit Antworten belohnt.
8. **M**oney Donkey – Wasser und Snacks schonen ihren Geldbeutel.
9. **A**ufmerksamkeit – Nur ein kurzer Blick und ihr Sprössling ist bereits wo anders.
10. **B**equem statt schick – Nur Bequeme Sachen retten deine Füße und deinen Tag.
11. C

Das Fazit

Wir hoffen sehr, dass ihnen dieses Buch geholfen hat und sie sich nun vorbereitet ins Abenteuer stürzen können. Ebenso hoffen wir, dass sie einen tieferen Einblick in die Welt der gamescom bekommen haben und vielleicht sogar selbst Interesse bekommen haben. Mit diesen Tipps sollten sie auf jeden Fall keine Probleme haben und die gamescom möglichst gut überstehen.

Es hat uns eine Freude gemacht diese Lektüre zu verfassen. Sollten sie Wünsche, Anregungen oder Kritik haben, würden wir uns über dieses Feedback sehr freuen.

Sollten sie weitere Hilfe benötigen, können sie jederzeit auf die entsprechenden Plattformen und Webseiten zurückgreifen.

- Xboxdev.com
- Gamescom Discord
- Gaminglexicon.de

Danksagung

Dieses Buch erscheint nicht nur dank der Autoren. Auch die ganzen Menschen, die in der Branche mitwirken und insbesondere uns beeinfluss haben sollten hier noch einmal genannt werden. Daher danken wir unter anderem dem Game e.V., das er eine ganze Branche vertritt. Insbesondere Herr Felix Falk der sich immer engagiert und die Politik davon überzeugt das Games nicht nur Kinderspielzeug sind.

Auf unseren Abenteuern trafen wir neben Influencern wie Maty, LeFloid, Tanzverbot auch Industrie Größen wie Phil Spencer, dem CEO von Xbox und hatten die Ehre Yves Guillement, dem Gründer und CEO von Ubisoft kennen zu lernen.

Auch den Gründern des Hersteller Couch Master müssen wir hier vielmals Danken für die großartigen ersten Einblicke, die sie uns ermöglicht haben.

Aber auch Menschen, die nicht immer vor der Kamera stehen sind wichtig. So haben wir sehr gute Eindrücke hinter die Kulissen bekommen dank dem devcom Geschäftsführer Stephan Reichart.

Weitere Personen, die wir hier nennen möchten, sind Lena einer nicht näher genannten Agentur, der Sängerin und Synchronsprecherin Lara Trautmann, dem Branchen Veteran Fabian Döhla und natürlich den Rocketbeans.

Und ganz besonders Alex und Janik die uns erst gezeigt haben, wie viel mehr die gamescom bietet. Ohne euch hätten wir das nie erleben dürfen.

Quellen

Die Quellen sind regulär unter den Bildern, Grafiken und am Seitenende sichtbar. Andernfalls stehen sie hier in unserer Quellenangabe.

- https://de.wikipedia.org/wiki/Gamersprache
- https://de.wikipedia.org/wiki/Koelnmesse
- https://www.destatis.de/DE/Presse/Pressemitteilung en/2019/04/PD19_139_811.html

www.ingramcontent.com/pod-product-compliance
Lightning Source LLC
LaVergne TN
LVHW072051060326
832903LV00054B/390